AF590584

REVUE TRIMESTRIELLE

DE

DROIT CIVIL

EXTRAIT

OBSERVATIONS
SUR LES LOIS DES 15 JUIN 1872
ET 8 FÉVRIER 1902
relatives aux
TITRES AU PORTEUR PERDUS, VOLÉS OU DÉTRUITS

Par M. Albert WAGNER
Docteur en droit, Sous-chef du contentieux à la Cie de Suez.

LIBRAIRIE
DE LA SOCIÉTÉ DU RECUEIL J.-B. SIREY & DU JOURNAL DU PALAIS
Ancienne Maison L. LAROSE & FORCEL
L. LAROSE & L. TENIN, Directeurs
22, rue Soufflot, PARIS, 5e Arrd.

VARIÉTÉS

OBSERVATIONS

SUR

LES LOIS DES 15 JUIN 1872 ET 8 FÉVRIER 1902

RELATIVES AUX

TITRES AU PORTEUR PERDUS, VOLÉS OU DÉTRUITS

Par M. ALBERT WAGNER,

Docteur en droit, Sous-chef du contentieux à la Cie de Suez.

---

1. — La loi du 15 juin 1872, relative aux titres au porteur perdus, volés ou détruits, était depuis longtemps en vigueur, lorsque l'on entreprit d'y faire les retouches signalées par certains intéressés comme étant indispensables et devenant même urgentes. L'usage qui avait été fait de cette loi pendant près de trente années (juin 1872 à décembre 1900), la jurisprudence abondante et incertaine dont elle avait été l'objet, enfin les critiques que formulaient ceux à qui l'application de la loi portait préjudice, en un mot l'expérience acquise, devaient permettre au législateur d'apprécier en connaissance de cause l'opportunité des modifications proposées. Qu'il s'agît de préciser le sens et la portée d'une disposition existante, ou même de se prononcer par

une disposition nouvelle sur une situation que la loi de 1872 n'avait pas prévue, le législateur pouvait chercher des éléments de conviction dans la pratique courante, journalière, des oppositions sur titres au porteur; et il était assuré d'en trouver d'utiles, en s'adressant, non seulement au syndicat des agents de change, mais encore aux principaux établissements débiteurs.

2. — A lire l'exposé des motifs par M. Monis, ministre de la Justice, le rapport de M. le sénateur Grivart et celui de M. le député Cruppi (1), on ne peut nier que les modifications apportées à la loi du 15 juin 1872 aient été directement inspirées par des considérations d'intérêt général, notamment par les nécessités du marché des valeurs mobilières. On y voit aussi que la pratique des oppositions sur titres au porteur n'échappait pas au législateur. Il semble pourtant que la loi actuelle laisse encore à désirer sur bien des points. Telles modifications ou innovations qui, mieux conçues, auraient assurément donné les meilleurs résultats, se sont trouvées produire trop souvent des effets directement contraires au vœu même de la loi. D'autre part on y peut relever de regrettables lacunes. Ce sont ces quelques défauts que nous nous proposons de signaler ici.

§ 1.

Du caractère de l'ordonnance d'autorisation.

3. — Il paraît généralement admis que l'opposition sur titres au porteur perdus, volés ou détruits, simple affirmation du droit de l'opposant, peut être formée par ce dernier sans être accompagnée d'aucune justification, sans être non plus soumise à aucune vérification judiciaire, ce qui serait une source d'abus (2). S'il en est ainsi dans la pratique, la faute n'en incombe nullement au législateur, dont l'intention manifeste a été singulièrement méconnue. Dès l'origine, en effet, la loi a prescrit à l'opposant de fournir, dans l'acte même d'opposition, toutes les justifications de nature à rendre vraisemblable l'affirmation de

(1) *Journal officiel* : n° du 3 févr. 1901, annexe n° 421, p. 846 ; n° du 30 juill. 1901, annexe n° 140, p. 241 ; n° du 5 janv. 1902, annexe n° 2794, p. 178.

(2) Magnin, *La revendication des titres au porteur perdus ou volés*, p. 31, n° 14, note 2. — Bezard-Falgas, *Le Contentieux des oppositions sur titres*, p. 132, n° 182, et les notes.

son droit. Et elle a voulu qu'une vérification judiciaire de la bonne foi de l'opposant intervînt au moment précis où l'opposition, cessant de constituer un simple obstacle au paiement des prestations dues au titre, allait permettre à l'opposant de recevoir ces prestations.

4. — Quand, en 1872, la commission compétente de l'Assemblée nationale eut à se prononcer sur la disposition qui est devenue l'article 3 de la loi, quelques membres de cette commission déclarèrent que l'intervention du président du tribunal civil, à l'effet d'autoriser l'opposant à toucher les intérêts ou dividendes et même le capital exigible des titres frappés d'opposition, n'ajoutait aucune garantie; car, s'agissant d'une autorisation sur requête, c'est-à-dire d'un acte de juridiction gracieuse, le président l'accorderait dans tous les cas : il se bornerait à constater que les conditions prescrites pour obtenir l'autorisation se trouvaient réalisées, simple formalité inutile et coûteuse. Le seul fait de la réalisation des trois conditions relatives au laps de temps écoulé depuis l'opposition, à l'absence de contradiction, et à la mise en distribution de deux termes d'intérêts ou dividendes, devait, disaient-ils, permettre à l'opposant de toucher les sommes dues, sans qu'il fût besoin d'autorisation judiciaire. D'ailleurs le projet du Gouvernement ne comportait pas cette autorisation.

5. — Mais la commission admit au contraire l'utilité de l'intervention du président du tribunal civil ; et, dans le rapport fait par M. Grivart, alors membre de l'Assemblée nationale, on voit quel pouvoir elle entendait conférer à ce magistrat (1). Il devait examiner avec le plus grand soin les requêtes qui lui seraient présentées, en portant son attention, non seulement sur la régularité de la demande d'autorisation, mais encore sur la sincérité de l'opposition elle-même, c'est-à-dire sur la vraisemblance des allégations de l'opposant. Car l'autorisation qu'il était appelé à donner allait produire d'importants effets. Et, pour permettre au président du tribunal d'accorder l'autorisation en connaissance de cause, la loi de 1872, article 2 § 2, a énuméré les renseignements utiles que le propriétaire dépossédé devait, autant que possible, donner dans son acte d'opposition : époque, lieu et mode d'acquisition du titre ; époque et lieu de la présentation des derniers coupons; circonstances de la dépos-

(1) Séance du 10 mai 1872, *Journ. off.* du 19 mai 1872, S. 1872. 3. 244, D. 1872. 4. 113.

session. Certes l'opposant ne se trouverait pas toujours à même de fournir ces renseignements : c'est pourquoi la loi ne les comprenait pas parmi les énonciations essentielles et indispensables de l'acte d'opposition. Mais l'opposant devait autant que possible donner les indications qui justifiaient la sincérité de son opposition. S'il ne lui était pas possible de le faire, au moins devait-il en donner la raison, soit dans l'acte d'opposition, soit dans la requête présentée au président du tribunal. Ce dernier pouvait donc s'assurer en tout cas de la bonne foi de l'opposant; et, pour peu qu'il en doutât, il devait refuser l'autorisation demandée. Ainsi comprise, l'intervention de ce magistrat constituait une sérieuse garantie. Et ce nous semble bien être là la manière dont elle a été généralement comprise *en théorie* (1).

6. — Au surplus, si le président du tribunal n'avait qu'à vérifier la régularité de la demande d'autorisation, si son intervention ne devait être qu'une simple formalité, il serait malaisé de justifier l'opportunité de la requête au tribunal en cas de refus (art. 7). Que, par inadvertance, le président accorde l'autorisation quand il n'y a pas lieu, cela se peut et ne fait d'ailleurs que profiter à l'opposant; mais qu'il la refuse lorsque l'opposition est régulière en la forme et que les conditions prescrites par l'article 3 se trouvent réalisées, c'est ce qu'on ne saurait imaginer, à moins d'admettre, comme on doit le faire, qu'il exerce un pouvoir d'appréciation quant à la sincérité de l'opposition (2). En donnant à l'opposant le droit de saisir le tribunal par voie de

(1) De Folleville, *Traité de la possession des meubles et des titres au porteur*, 2e édit., p. 590 et 591, n° 422; Deloison, *Traité des valeurs mobilières*, p. 674. n° 569; Buchère, *Des titres au porteur perdus, volés ou détruits*, p. 21 et 22, 26 et 27, 30; Wahl, *Traité théorique et pratique des titres au porteur*, t. II, p. 197, n° 1276 et les notes; Bezard-Falgas, *op. cit.*, p. 195, n° 271.

(2) Sous le régime de la loi de 1872, et rien qu'en vérifiant la régularité de la demande d'autorisation, le président du tribunal a eu, il est vrai, l'occasion d'exercer un pouvoir d'appréciation quant à savoir si l'opposition se trouvait contredite ou non : car l'ancien article 3 ne précisait pas le caractère que devait présenter la contradiction pour faire obstacle à l'autorisation. Cette question fit l'objet de nombreuses requêtes au tribunal, en vertu de l'article 7. Mais ce ne fut là qu'un accident, résultant de l'obscurité de la loi Et le législateur, qui n'entendait nullement s'en remettre sur ce point à l'appréciation des tribunaux, a pris soin de déterminer dans le nouvel article 3 la nature de la contradiction efficace (Jehan Froissart, *Loi sur les titres au porteur perdus, volés ou détruits*, p. 14, § a; Magnin, *op. cit.*, p. 11, 12 et 27; Bezard-Falgas, *op. cit.*, p. 187 et s., nos 255 et s.

requête en cas de refus de l'autorisation, le législateur confirmait donc son intention de conférer au président une mission utile, sérieuse, comportant notamment l'examen et l'appréciation des circonstances au milieu desquelles était intervenue l'opposition.

7. — Malheureusement, *dans la pratique*, cette intention du législateur ne semble pas avoir été suffisamment respectée. Et d'abord les actes d'opposition contiennent très rarement ces renseignements que les opposants devraient donner, autant que possible, pour justifier de leur droit de propriété et établir la vraisemblance de leur dépossession. Or, est-il bien exact de dire, comme on le fait trop souvent, que ces énonciations soient facultatives ? Sans doute elles ne sont pas exigées à peine de nullité, comme essentielles et indispensables, parce qu'il peut arriver que l'opposant ne se trouve pas à même de les fournir : « elles sont de telle nature, dit le rapport Grivart de 1872, qu'il « n'était pas possible de les imposer d'une manière rigoureuse ». Mais elles sont pourtant demandées et même imposées dans une certaine mesure, car la prescription de l'article 2, § 2 reste impérative : « Il *devra* aussi, autant que possible, énoncer.... » ; ce qui montre bien que le législateur ne s'en remet nullement sur ce point au bon vouloir de l'opposant. Réserve étant faite seulement, par les mots « autant que possible », pour le cas où l'opposant se heurte à une impossibilité manifeste, les énonciations dont s'agit, loin de pouvoir être considérées comme facultatives, nous paraissent au contraire obligatoires. Elles ne présentent d'ailleurs, en général, aucune difficulté. Le propriétaire dépossédé, si mauvais administrateur soit-il de son patrimoine, ne peut pas se rappeler à peu près l'époque et le lieu où il est devenu propriétaire du titre, ainsi que le mode de son acquisition, l'époque et le lieu où il a reçu les derniers intérêts et dividendes, les circonstances qui ont accompagné sa dépossession ; il doit avoir du moins quelques renseignements à donner. Nous ne voyons qu'un cas (et c'est aussi le seul que les auteurs citent comme exemple) dans lequel l'opposant ignore naturellement les circonstances de fait dont l'énonciation est prescrite par l'article 2, § 2 : c'est lorsqu'il s'agit de titres qui semblent avoir été détournés d'une succession et que l'héritier ou le légataire frappe d'opposition.

8. — D'autre part, on peut se demander si, d'une manière générale, les présidents de tribunaux se rendent compte de la mission qu'ils ont à remplir en cette matière, et si, justement préoccupés de la gravité des conséquences attachées à l'autorisation qu'ils ont à donner, ils n'usent du droit de l'accorder qu'avec une sage et prudente réserve. A en juger par les requêtes qui leur sont présentées et par les ordonnances d'autorisation qu'ils rendent en réponse, ils semblent, pour la plupart, ne se préoccuper que de la réalisation des conditions prescrites par l'article 3 et limiter leur examen à la régularité de la demande d'autorisation. De la bonne foi de l'opposant, de la sincérité de l'opposition, il n'est pour ainsi dire jamais question. Bref, l'intervention du président du tribunal tend à n'être qu'une pure formalité, comme le prévoyaient ceux des membres de l'Assemblée nationale qui la déclaraient inutile.

9. — Cette pratique, manifestement contraire à l'intention du législateur, présentait déjà de sérieux inconvénients sous l'empire de la loi du 15 juin 1872. Comme on le verra par la suite, elle s'est révélée plus déplorable encore depuis que la loi du 8 février 1902 a étendu le bénéfice de l'ordonnance d'autorisation aux oppositions portant sur des valeurs ne produisant pas d'intérêts ou sur des titres de sociétés ayant suspendu le paiement des intérêts. Pour faire cesser cet état de choses, ne suffirait-il pas d'intercaler dans l'article 3 un alinéa portant que le président du tribunal devra s'assurer, non seulement de la régularité de la demande d'autorisation, mais encore de la sincérité de l'opposant, en examinant et appréciant les justifications produites par ce dernier à l'appui de sa demande ? Les oppositions se trouvant ainsi soumises à une sérieuse vérification judiciaire, les opposants seraient bien obligés de donner tous les renseignements susceptibles d'établir leur bonne foi. Et l'on éviterait bien des abus.

§ 2.

Des titres sans intérêts.

10. — En ce qui concerne les titres ne produisant pas d'intérêts ou n'en produisant plus, la loi de 1902 accorde au propriétaire dépossédé le droit, que ne lui reconnaissait pas la loi de 1872, d'obtenir sous certaines conditions spéciales l'autorisation de toucher le capital en cas de remboursement (art. 3), et même d'obtenir la délivrance d'un duplicata du titre (art. 15). Le développement qu'avaient pris depuis 1872 les valeurs ne produisant pas de revenus et l'intérêt que présentaient la plupart d'entre elles à raison des lots importants qui y étaient attachés devaient porter le législateur à réparer une omission dont on lui faisait généralement grief. D'ailleurs le propriétaire dépossédé de valeurs de ce genre ne méritait-il pas, lui aussi, d'obtenir une restitution à des conditions moins rigoureuses que celles qui étaient imposées par les compagnies débitrices en vertu du droit commun ? Signalant la situation défavorable dans laquelle la loi ancienne laissait en ce cas le propriétaire dépossédé, M. Grivart disait, dans son rapport au Sénat : « Il n'y a pas de raison pour frapper ainsi d'interdit les valeurs de ce genre ». Et les modifications apportées sur ce point par la loi nouvelle ont été approuvées sans réserves par la doctrine (1). Cette innovation a-t-elle été réalisée d'une manière satisfaisante? Offre-t-elle toutes les garanties de sécurité que les divers intéressés étaient en droit d'y trouver ? Il est permis d'en douter.

11. — L'idée maîtresse de la loi de 1872 était que l'opposant ne pût obtenir une restitution quelconque (intérêts ou dividendes, capital exigible, duplicata du titre) qu'après que le porteur éventuel (2) aurait été vainement mis en demeure de contredire l'opposition. Si l'ancien article 3 exigeait, entre autres conditions, que deux termes au moins d'intérêts ou de dividendes eussent été mis en distribution depuis l'opposition et avant la demande d'autorisation, c'était à seule fin que, par ces distributions successives, le porteur fût provoqué à exercer son droit. « Le législateur a pensé que la contradiction pouvait naître « surtout d'un événement ou d'une circonstance de nature à « amener des rapports entre le détenteur des titres, quel qu'il « fût, et l'établissement débiteur (3) ». Et si, d'autre part, l'ancien article 15, § 3, exigeait que dix années *utiles* se fussent écoulées depuis l'autorisation obtenue par l'opposant et avant la délivrance du duplicata (le temps pendant lequel l'établissement débiteur n'aurait pas mis en distribution de dividendes ou d'intérêts ne devant pas être compté dans ce délai), c'était

(1) Magnin, *op. cit.*, p. 26 et 27; Jehan Froissart, *op. cit.*, p. 17; Bezard-Falgas, *op. cit.*, p. 256 et s., nos 370 et s.

(2) Nous désignons sous le nom de *porteur éventuel* ou plus simplement de *porteur* la personne, de bonne ou de mauvaise foi, qui peut avoir en sa possession le titre perdu ou volé. Hormis le cas où, le fait de la destruction étant prouvé, le propriétaire dépossédé peut se dispenser de remplir les formalités de la loi de 1872, il en est du titre détruit comme du titre perdu ou volé : on doit présumer l'existence d'un porteur.

(3) Deloison, *op. cit.*, p. 672, n° 565.

encore pour solliciter par de nombreuses distributions l'intervention du porteur (1). Dans ces conditions, le silence et l'inaction du porteur étaient de nature à constituer une présomption suffisante, présomption favorable à l'opposant dont les allégations n'avaient pas été contredites, présomption défavorable au porteur qui s'était montré tout au moins négligent.

12. — La loi de 1902 est moins exigeante en ce qui concerne la délivrance du duplicata. Le législateur n'a pas reproduit dans le nouvel article 15 le paragraphe portant que le temps pendant lequel l'établissement débiteur n'aurait pas mis en distribution de dividendes ou d'intérêts ne serait pas compté dans le délai de dix ans : il n'est donc plus nécessaire que ces dix années soient des années *utiles*, même quand le titre frappé d'opposition est un titre à l'égard duquel il y a eu des distributions périodiques d'intérêts ou de dividendes. Pourquoi cette suppression du § 3 de l'ancien article 15? Elle s'imposait, dit-on, comme conséquence des prescriptions nouvelles relatives à la publication à faire au *Bulletin officiel des oppositions*, sous la rubrique des titres frappés de déchéance, postérieurement à la délivrance du duplicata (2). On sait que, depuis 1902, cette publication doit être faite pour le nombre d'années représenté par la feuille de coupons attachée au titre, sans pouvoir en aucun cas être limitée à une durée inférieure à dix ans. Mais nous ne voyons pas comment cette publicité, qui n'a d'effet qu'*après la délivrance du duplicata* et lorsque le porteur du primata n'a plus qu'une action personnelle contre l'opposant, devait entraîner logiquement la suppression d'une garantie établie *en vue de la délivrance du duplicata*. On fait observer aussi que la loi nouvelle, au lieu d'exiger comme le faisait l'ancienne que personne ne se soit présenté pour recevoir les intérêts ou dividendes, a mis cette autre condition que l'opposition n'aurait pas été formellement contredite par un tiers se prétendant propriétaire du titre frappé d'opposition. Dans un texte dont il résulte que la simple présentation de coupons ne constitue pas une contradiction suffisante, le législateur ne pouvait, dit-on, laisser subsister la disposition aux termes de laquelle le temps pendant lequel l'établissement débiteur n'aurait pas mis en distribution de dividendes ou d'intérêts ne serait pas compté

(1) Buchère, *op. cit.*, p. 61; de Folleville, *op. cit.*, p. 612 et s., n° 449.
(2) Jehan Froissart, *op. cit.*, p. 19.

dans le délai de dix ans (1). Cette explication ne nous paraît pas meilleure que la précédente. Que vaut, en effet, l'absence de contradiction, quand le porteur n'a pas été provoqué, par de nombreuses distributions d'intérêts ou de dividendes, à contredire l'opposition? La question est là, et là seulement. La suppression du troisième alinéa de l'ancien article 15 ne s'imposait, à vrai dire, en aucune façon. Tout au plus pourrait-on admettre que la suspension momentanée des distributions périodiques d'intérêts ou de dividendes importe peu, si du moins ces distributions se sont renouvelées assez souvent pour constituer une mise en demeure suffisante à l'encontre du porteur.

13. — Quoi qu'il en soit de l'article 15, l'article 3, lui, n'a pas été modifié dans son principe. Lorsqu'il s'agit de titres à l'égard desquels il y a eu des distributions périodiques, la loi nouvelle exige encore que deux termes au moins d'intérêts ou de dividendes aient été mis en distribution, pour que l'opposant puisse obtenir du président du tribunal l'autorisation de toucher les revenus et même le capital. Ou cette condition ne répond à rien, et dans ce cas elle aurait dû être supprimée; ou bien elle implique, comme il est dit plus haut, la nécessité d'une provocation adressée au porteur : ce dernier, sollicité de se présenter à l'établissement débiteur pour y toucher ses coupons, aura connaissance de l'opposition et se trouvera ainsi mis en demeure de la contredire.

14. — Désireux qu'il était d'étendre le bénéfice de ces articles 3 et 15 de la loi au propriétaire dépossédé de titres ne donnant pas droit à des intérêts ou dividendes ou à l'égard desquels il y a eu cessation des distributions périodiques, qu'a fait le législateur? Il a simplement augmenté dans ce cas le délai d'attente à l'expiration duquel l'opposant peut demander l'autorisation du président du tribunal : ce délai, qui est d'une année en principe, a été porté à trois ans relativement aux titres dont s'agit (art. 3, § 2). Et c'est en quoi le législateur a manqué de logique. Comment admettre, en effet, que l'inaction du porteur, si prolongée soit-elle, puisse constituer une présomption suffisante à l'encontre de ce dernier, quand précisément aucune échéance de dividendes ou d'intérêts ne vient le solliciter de se présenter au siège de l'établissement débiteur? Faut-il donc, en l'espèce, tenir pour négligent le porteur qui ne consulte pas au moins

(1) Magnin, *op. cit.*, p. 29, n° 13 et la note.

tous les trois ans le *Bulletin officiel des oppositions*; ou qui n'entretient pas des rapports suivis avec l'établissement débiteur? Cela n'est pas soutenable(1). Pour les titres en question, il n'y a qu'une seule éventualité dont le porteur doive se préoccuper : c'est l'exigibilité du capital ; il n'y a qu'un seul moment où le porteur doive se mettre en rapport avec l'établissement débiteur : c'est lorsqu'il est appelé à recevoir le remboursement de son titre. L'exigibilité du capital constitue, en ce cas, la seule mise en demeure susceptible d'être prise en considération ; ce n'est qu'à partir de ce moment que le silence et l'inaction du porteur, s'ils se prolongent, peuvent valoir comme présomption défavorable. Le législateur aurait dû, ce nous semble, tenir compte de cette situation. Pour les titres ne donnant pas droit à des intérêts ou dividendes, ou à l'égard desquels il y a eu cessation des distributions périodiques, l'autorisation du président du tribunal ne devrait pouvoir être demandée qu'à l'expiration d'un certain délai dont le point de départ serait, non plus la date de l'opposition (art. 3, § 2), mais *l'époque de l'exigibilité du capital*, et naturellement à condition que l'opposition n'eût pas été contredite. La durée de ce délai serait fixée de manière à laisser au porteur le temps d'être averti de l'exigibilité par la publicité donnée dans les journaux financiers ou autres aux amortissements par voie de tirage au sort et aux répartitions par suite de liquidation. Enfin il va de soi que les oppositions sur titres de ce genre *ne devraient, en aucun cas, aboutir à la délivrance d'un duplicata*, puisque d'une part aucune restitution ne serait possible avant l'exigibilité du capital et que d'autre part il ne saurait être raisonnablement question de délivrer un duplicata d'un titre dont le capital est devenu exigible.

15. — On objectera sans doute que nous sacrifions ainsi l'intérêt réel et certain du propriétaire dépossédé pour sauvegarder seulement un intérêt problématique, celui du porteur de bonne foi devenu valablement propriétaire du titre perdu ou volé. Nous nous inclinerions devant cette objection s'il ne pouvait

(1) Nous avons pourtant soutenu incidemment cette prétention, à tort croyons-nous, dans une étude sur la rétroactivité de la loi de 1902 relativement aux oppositions sur titres ne donnant pas droit à des dividendes (V. *Annales de droit commercial*, 1904, p. 363). Mais notre attention se portait alors sur la question spéciale de la rétroactivité de la loi; elle n'avait pas encore été attirée sur les inconvénients de l'innovation qui nous occupe ici.

jamais y avoir que des oppositions sincères et bien fondées et surtout si le titre perdu ou volé ne pouvait jamais circuler entre le moment de la perte ou du vol et celui de la publication de l'opposition. Mais ne faut-il pas tenir compte et la loi elle-même n'a-t-elle pas tenu compte en plusieurs de ses dispositions (1) du cas où l'opposition aurait été faite, sinon de mauvaise foi, du moins à la légère, comme aussi du cas où une transmission du titre antérieure à la publication de l'opposition aurait rendu cette dernière inopérante et sans effet? D'ailleurs, lorsque le législateur a reconnu qu'il n'y avait pas de raison pour frapper d'interdit les titres ne produisant pas d'intérêts, loin de vouloir les assimiler absolument aux autres titres, il n'a pas manqué de signaler la nécessité de les soumettre à un régime spécial à raison de l'absence de distributions périodiques qui les caractérise (2). Et, si nous critiquons le système que le législateur a cru bon d'adopter, c'est non seulement parce qu'il ne nous paraît pas concorder avec l'une des idées maîtresses de la loi, mais encore à cause de l'insécurité qui en résulte pour les porteurs de titres de ce genre (3). Par application de la loi nouvelle, un opposant de mauvaise foi pourra arriver à se faire délivrer un duplicata du titre frappé d'opposition, sans que jamais le porteur de ce titre, véritable propriétaire, ait été normalement appelé à connaître et à contredire l'opposition. Il y a là un danger sérieux, puisque le porteur n'aura plus alors qu'une action personnelle contre l'opposant. Dira-t-on que ce danger se trouve contre-balancé par le profit légitime qu'un opposant de bonne foi pourra semblablement tirer de la loi nouvelle? Il est vrai que l'opposant de bonne foi a grand avantage à obtenir un duplicata du titre perdu, ne serait-ce que pour le négocier. Nous voudrions pourtant qu'il fût privé de cet avantage dans le cas qui nous occupe. Nous préférons pencher vers la prudence, attendu qu'en l'espèce l'opposant doit subir toutes les restrictions imposées par la nature spéciale du titre. Il en

(1) Voir notamment les articles 17 et 18 ajoutés par la loi du 8 févr. 1902.

(2) Voir le rapport de M. le sénateur Grivart, *loc. cit.*

(3) Cette insécurité se trouve actuellement aggravée par le fait que les oppositions ne sont généralement pas soumises à une sérieuse vérification judiciaire. Si le président du tribunal, appelé à rendre l'ordonnance d'autorisation, s'assurait toujours de la bonne foi de l'opposant, de la sincérité de l'opposition, l'insécurité que nous signalons serait atténuée (Voir ci-dessus, § 1, nos 3 et s.).

est de même, quoiqu'à un moindre degré, des conditions dans lesquelles l'opposant peut désormais obtenir l'autorisation du président du tribunal. Un opposant de mauvaise foi, qui aura obtenu cette autorisation avant que le capital soit devenu exigible et qui ne manquera pas de lire les avis financiers, pourra toucher ce capital dès l'exigibilité, alors que le porteur du titre, véritable propriétaire, qui ignorera naturellement l'opposition, aura à peine eu le temps d'apprendre que son titre est remboursable. Il est vrai que la loi garantit en ce cas pendant dix ans l'efficacité du recours du porteur, par une caution, ou par le dépôt du capital exigible à la Caisse des dépôts et consignations, ou enfin par un nantissement (art. 5 et 6). Mais d'une part, s'il y a caution ou nantissement, la garantie ne vaudra qu'autant que la caution sera restée solvable ou que le nantissement aura conservé sa valeur. Et d'autre part, pour exercer ce recours, le porteur devra en tout cas suivre la voie longue et dispendieuse d'un procès ordinaire, tandis qu'il aurait pu obtenir la mainlevée de l'opposition par une procédure spéciale, rapide et peu coûteuse (art. 17 et 18), si la loi l'avait mis à même de contredire l'opposition avant la demande d'autorisation. Quant à l'opposant de bonne foi, il ne perdrait guère à attendre pendant un certain temps le remboursement de son titre, puisqu'il ne s'agit ici que de titres sans intérêts.

§ 3.

De la radiation des oppositions.

16. — Aux termes du troisième alinéa de l'ancien article 11, la publication du numéro du titre frappé d'opposition au *Bulletin officiel* (1) devait cesser si l'opposant omettait de payer en temps utile la rétribution annuelle due par lui pour frais de publicité. La doctrine n'avait pas manqué de signaler la rigueur de cette disposition (2). Par suite d'un oubli souvent bien excusable, l'op-

(1) Dans le cours de cette étude, nous désignons sous le nom de *Bulletin officiel* le Bulletin officiel des oppositions sur les titres au porteur publié par le syndicat des agents de change de Paris.

(2) De Folleville, *op. cit.*, p. 581, n° 412, écrivait déjà : « De même, chaque « année, il [l'opposant] devra renouveler le paiement exigé, de peur de voir « cesser cette publication ; mais nous aimons à penser que cette sanction « sévère, et dont les conséquences pourraient être des plus funestes, ne sera « pas appliquée, par le syndicat des agents de change, dans toute sa rigueur ;

posant était dépouillé à son insu du bénéfice de l'opposition à négociation notifiée par lui au syndicat des agents de change : il allait peut-être se trouver en présence d'un porteur de bonne foi qui aurait valablement acquis le titre à un moment où l'opposition n'était plus publiée. Mais l'opposant conservait du moins le bénéfice de l'opposition à paiement signifiée à sa requête à l'établissement débiteur, laquelle lui permettait encore de discuter avec le porteur, à l'amiable ou en justice, les conditions dans lesquelles ce dernier avait acquis le titre, et cela avant que le porteur eût obtenu un paiement quelconque d'intérêts ou de capital : c'était encore là une garantie appréciable. Malheureusement cette indépendance des deux oppositions, d'où résultait que l'opposition à paiement pouvait subsister alors que l'opposition à négociation n'existait plus, offrait un inconvénient dont avait à souffrir le marché des valeurs mobilières : des valeurs circulaient librement au dehors et faisaient l'objet de négociations valables en Bourse, bien que frappées d'opposition à l'établissement débiteur; et l'acquéreur, qui croyait pouvoir jouir paisiblement de son titre, se voyait obligé d'obtenir de gré ou de force la mainlevée de cette opposition (1). De là, pour remédier à cet inconvénient, la solidarité établie par la loi de 1902 entre les deux oppositions (art. 2), et plus spécialement la disposition nouvelle de l'article 11 (alinéa 4) en vertu de laquelle l'interruption de la publication au *Bulletin officiel* emporte dorénavant mainlevée de l'opposition à l'égard de l'établissement débiteur.

17. — Ce nouvel alinéa 4 de l'article 11, pris en soi et dans son principe, ne soulève pas d'objection (2). Mais, ici encore, il est permis de se demander si le législateur a fait tout ce qu'il devait, tout ce qu'il pouvait faire afin de sauvegarder les divers intérêts en jeu. N'est-il pas regrettable, en effet, que la loi autorise le syndicat des agents de change à donner ainsi mainlevée de l'opposition à l'établissement débiteur, à l'insu de l'opposant, sans que ce dernier ait été préalablement invité à continuer la publication de son opposition en payant les frais de publicité ? L'opposant, qui oublie de renouveler en temps utile le paiement exigé, est souvent bien excusable ; et pourtant, à cause de cet

« il peut n'y avoir de la part de l'opposant que négligence et non mauvaise « volonté ». — Voir aussi Deloison, *op. cit.*, p. 685, n° 590.

(1) Voir le rapport de M. le député Cruppi, *loc. cit.*

(2) Jehan Froissart, *op. cit.*, p. 11; Magnin, *op. cit.*, p. 22 et s., n° 8, *in fine*.

oubli, l'opposition va disparaître complètement, définitivement. Une nouvelle opposition sera nécessaire, et même une nouvelle ordonnance d'autorisation. Les opposants ainsi dépouillés se montrent surpris; ils protestent. Mais que faire? L'établissement débiteur, auquel le syndicat des agents de change a notifié la mainlevée, ne peut pas ne pas en tenir compte. Faut-il donc laisser au syndicat ou à l'établissement débiteur le soin d'atténuer sur ce point la rigueur de la loi? Grâce à l'initiative officieuse de l'un ou de l'autre, l'opposant serait avisé que le délai pour lequel il a payé les frais de publicité est près d'expirer et qu'il doit renouveler la publication sous peine de radiation de l'opposition (1)? Nous apprécions le mérite d'une intervention de ce genre, comme palliatif provisoire. Mais il y a mieux à faire. C'est la loi elle-même qui devrait assurer en ce cas la sauvegarde du droit de l'opposant, en rendant obligatoire l'avertissement à donner à ce dernier en vue du renouvellement de la publication. Le syndicat des agents de change pourrait être chargé de donner cet avertissement, par lettre recommandée envoyée à l'adresse indiquée par l'opposant dans l'exploit d'opposition ou à telle adresse nouvelle que l'opposant lui aurait indiquée par la suite, et cela dès l'expiration du délai pour lequel les frais de publicité auraient été payés. La publication serait continuée d'office pendant un mois (2), après quoi l'opposition serait rayée du *Bulletin officiel* au cas où l'opposant n'aurait pas donné suite à l'avertissement. Les frais qui en résulteraient pour le syndicat des agents de change seraient compensés par une augmentation du coût de la rétribution annuelle due par l'opposant pour frais de publicité, augmentation qui pourrait être légère si la loi autorisait le syndicat des agents de change à exiger de tout opposant qui renouvellerait la publication *après avertissement* le remboursement préalable des frais du dit avertissement. Dans ces conditions il y aurait consentement tacite de l'opposant à la mainlevée notifiée par le syndicat des agents de change à l'établissement débiteur un mois après l'échéance de la publication non renouvelée. Cette mesure n'aurait plus rien alors de rigoureux ni de choquant.

(1) Bezard-Falgas, *op. cit.*, p. 243, n° 350.

(2) Pour les opposants domiciliés dans les colonies françaises ou dans les pays étrangers, il conviendrait, soit d'augmenter ce délai, soit d'autoriser l'envoi de l'avertissement au domicile élu dans l'exploit d'opposition.

§ 4.
De la continuité des publications.

18. — On sait que, lorsqu'elle aboutit à la délivrance d'un duplicata du titre, l'opposition doit faire l'objet de deux publications successives au *Bulletin officiel*, l'une avant la délivrance du duplicata, sous la rubrique des titres frappés d'opposition, l'autre après la délivrance du duplicata, sous la rubrique de titres frappés de déchéance (art. 11 et 15, § 5). L'intention du législateur (en 1872 comme en 1902) paraît bien avoir été que la seconde suive immédiatement la première et que l'une et l'autre soient continues, non interrompues. Le but de ces publications n'est-il pas, en effet, que le titre originaire (ou primata), menacé ou même frappé de déchéance, ne puisse circuler valablement ? Or ce titre pourrait faire l'objet d'une transmission ou négociation valable, si la publication se trouvait interrompue, fût-ce durant un seul jour : « Le tiers qui aurait acquis le titre de bonne « foi au cours de la période d'interruption serait à l'abri de toute « action de la part de l'opposant »(1). Mais la loi ne dit rien de tout cela : ce qui fait que l'on se demande, d'une part, si la première publication, antérieure à la délivrance du duplicata, peut comporter des interruptions, et, d'autre part, si la seconde publication doit suivre immédiatement la première, sans interruption entre elles deux (2). Nous voudrions élucider ces questions, sur lesquelles il ne nous paraît pas que la lumière ait été suffisamment faite.

19. — En ce qui concerne la première question, qui est de savoir si la publication antérieure à la délivrance du duplicata peut comporter des interruptions, il importe de distinguer les différents cas susceptibles de se présenter.

20. — S'agit-il d'oppositions formées depuis la loi de 1902 ? La question ne se pose pas, puisqu'en vertu du § 4 de l'article 11 l'interruption de la publication emporte mainlevée de l'opposition, même à l'égard de l'établissement débiteur. Au cas d'inter-

(1) Bezard-Falgas, *op. cit.*, p. 163, n° 228, al. 3.

(2) La question ne se pose pas de savoir si la seconde publication peut comporter des interruptions ; car la loi, l'ancienne comme la nouvelle, a assuré la continuité de cette publication faite sous la rubrique des titres frappés de déchéance (art. 15, § 5).

ruption, l'opposition n'existe plus : tout est à recommencer (1). Interprété strictement, l'article 11 permettrait, il est vrai, de croire le contraire. Il y est dit que la publication ne sera pas continuée à l'expiration de l'année pour laquelle la rétribution aura été payée, et que la mainlevée sera donnée par le syndicat des agents de change à l'établissement débiteur un mois après l'échéance de la publication non renouvelée. Il y aurait, par suite, interruption avant mainlevée et possibilité pour l'opposant d'empêcher la mainlevée en renouvelant la publication avant un mois à dater de l'interruption. Mais on ne comprendrait pas qu'il dût en être ainsi. On sait en effet que le but principal de la loi de 1902 a été de rendre l'opposition à paiement solidaire de l'opposition à négociation et de lier au sort de celle-ci le sort de celle-là. Pourquoi donc cette loi aurait-elle reporté ainsi la mainlevée de l'opposition à paiement un mois après la radiation de l'opposition à négociation, alors surtout que, la publication se trouvant interrompue, le titre pourrait faire l'objet d'une négociation valable? Le législateur a certainement voulu que l'interruption de la publication et la mainlevée de l'opposition fussent concomitantes, le délai d'un mois constituant un délai de grâce en faveur de l'opposant. Et le syndicat des agents de change l'a si bien compris, qu'il ne cesse la publication au *Bulletin officiel* qu'au moment même où il donne mainlevée à l'établissement débiteur. Ainsi, pour les oppositions formées depuis la loi du 8 févr. 1902, l'opposition dont la publication se trouve interrompue n'existe plus.

21. — Il en est de même pour les oppositions formées sous l'empire de la loi du 15 juin 1872, quant aux interruptions survenues dans la publication depuis la loi du 8 févr. 1902 : par application de cette loi nouvelle, le syndicat des agents de change donne mainlevée de ces oppositions aux établissements débiteurs, quand la publication n'est pas renouvelée en temps utile. En ce cas, encore, l'opposition n'existe plus : tout est à recommencer. On peut se demander, il est vrai, si le syndicat des agents de change est autorisé à appliquer cette mesure aux oppositions dont s'agit. Le § 4 du nouvel article 11, qui semble avoir le caractère d'une disposition nouvelle touchant au fond même du droit plutôt que d'une disposition interprétative de la loi ancienne, est-il susceptible de rétroagir? Et n'y a-t-il pas un

(1) Voir ci-dessus, § 3, n°s 16 et s.

droit acquis faisant échec à l'application de cette disposition nouvelle, sinon dans l'opposition elle-même, du moins dans l'ordonnance d'autorisation que l'opposant aura pu obtenir sous l'empire de la loi ancienne? Auquel cas l'opposant ne devrait pas être privé des avantages pouvant résulter encore pour lui de cette autorisation, quand il a négligé de continuer la publication de son opposition; car l'opposition à paiement, autrefois indépendante de l'opposition à négociation, pouvait produire alors tous ses effets propres sans avoir jamais été publiée. Quoi qu'il en soit, le syndicat des agents de change applique en ce cas le § 4 de l'article 11. Et l'établissement débiteur peut, croyons-nous, tenir compte de la mainlevée qui lui est notifiée dans ces conditions, le syndicat engageant sa responsabilité envers lui par le seul fait de cette notification (1).

22. — Il en est différemment des interruptions de publication survenues sous l'empire de la loi ancienne, alors que le syndicat des agents de change n'avait pas encore le pouvoir de notifier à l'établissement débiteur la mainlevée de l'opposition à paiement au cas de radiation de l'opposition à négociation. Les oppositions anciennes, dont la publication a été interrompue en ce temps-là, ont donc subsisté comme oppositions à paiement à l'égard de l'établissement débiteur, non seulement jusqu'en 1902, mais même après. Et elles ont pu subsister ainsi, encore qu'aucune publication n'en ait été faite depuis la loi nouvelle : car cette loi n'a pas prescrit que les oppositions anciennes fussent désormais publiées pour rester valables; et il n'est pas à notre connaissance que le syndicat des agents de change ait notifié aux établissements débiteurs la mainlevée des oppositions qui se trouvaient dans ces conditions. Ainsi l'interruption de publication survenue sous l'empire de la loi ancienne n'a pu avoir pour effet de priver l'opposant du bénéfice de son opposition à paiement : notamment l'opposant qui avait obtenu l'autorisation du président du tribunal a conservé et conserve encore le droit de toucher les intérêts ou dividendes échus ou même le capital au cas d'exigibilité. Mais c'est ici que se pose la question de savoir si la publication faite antérieurement à l'interruption peut valoir, comme publication utile, à l'effet d'obtenir la délivrance d'un duplicata du titre. Nous n'hésitons pas à répondre négativement. La loi ancienne disait déjà, comme le

(1) Bezard-Falgas, *op. cit.*, p. 240 et s., n°s 346 et s.

fait la nouvelle : « Lorsqu'il se sera écoulé dix ans depuis l'au-« torisation obtenue par l'opposant conformément à l'article 3, « et que, pendant le même laps de temps, l'opposition aura été « publiée... ». Qu'est-ce que cela veut dire? Faut-il, par une interprétation restrictive de ce texte, en déduire que la publication suffira si, fractionnée ou non, elle porte sur un total de dix années? Suffit-il du moins d'une publication continue de dix ans, encore qu'elle ait été interrompue au bout de la dixième année? Nous ne le croyons pas. Le législateur n'a pas pu ne pas vouloir la continuité absolue de cette première publication jusqu'à la délivrance du duplicata. Les conditions exigées par l'article 15 § 1 sont autant de précautions prises en faveur du porteur du primata. Quand elles seront réalisées, le porteur de bonne foi, dont le titre se trouvera frappé de déchéance et à qui il ne restera plus qu'une action personnelle contre l'opposant, ne pourra s'en prendre qu'à lui-même. Ou bien, ayant acquis le titre avant la publication de l'opposition, il aura poussé la négligence jusqu'à rester dix ans au moins sans toucher les intérêts ou dividendes. Ou bien, ayant acquis le titre après la publication de l'opposition, il aura commis l'imprudence de ne pas consulter le *Bulletin officiel.* Mais, pour que ce dernier reproche soit justifié, il est indispensable, on le voit, que la publication de l'opposition n'ait pas été interrompue.

23. — En résumé, l'interruption de la publication survenue sous l'empire de la loi ancienne a eu pour effet, croyons-nous, de rendre toute publication antérieure sans valeur quant à la délivrance du duplicata. Il a fallu une nouvelle publication continue de dix ans pour valoir à l'opposant le bénéfice du duplicata. A cet égard, l'interruption dans la publication a agi en quelque sorte comme une interruption de prescription. Quant à l'interruption de publication survenue depuis la loi nouvelle, elle agit plus radicalement encore : elle emporte mainlevée de l'opposition elle-même.

24. — Les observations qui précèdent nous dispensent d'insister sur la réponse que nous croyons devoir donner à la seconde des questions posées ci-dessus. La publication à faire sous la rubrique des titres frappés de déchéance doit-elle suivre immédiatement celle faite sous la rubrique des titres frappés d'opposition, sans interruption entre elles deux? En d'autres termes, doit-il y avoir soudure des deux publications? Si le législateur (en 1872 comme en 1902) a exigé qu'une nouvelle publication fût faite après la délivrance du duplicata et s'il a pris soin d'assurer la continuité de cette publication pour une période d'au moins dix années (art. 15, § 5), c'était encore afin d'éviter que, pendant cette nouvelle période, le titre frappé de déchéance pût être transmis à un acquéreur de bonne foi. Du moins le porteur de bonne foi, qui aurait acquis ce titre dont la déchéance était publiée, serait en faute pour n'avoir pas consulté le *Bulletin officiel*. Ayant assuré de telles garanties au porteur de bonne foi, après comme avant la délivrance du duplicata, le législateur pouvait-il admettre la possibilité d'une interruption entre les deux publications, interruption qui réndrait ces garanties illusoires ? Quel reproche adresser, en effet, au porteur de bonne foi qui aurait acquis le titre pendant la période d'interruption, à un moment où nulle publication ne viciait son acquisition ? Et comment justifier la situation défavorable où le mettrait la déchéance de son titre ? Il nous paraît évident que la publication sous la rubrique des titres frappés de déchéance doit commencer le jour même où cesse la publication sous la rubrique des titres frappés d'opposition : la soudure des deux publications est indispensable (1).

25. — Il est permis de regretter que la loi n'ait pas exigé expressément la continuité des publications (2). Qu'on se garde sur-

(1) Voir, sur cette question de la continuité des publications : Buchère, *op. cit.*, p. 61 et s. ; de Folleville, *op. cit.*, p. 611 et s., n° 447 et s. ; Deloison, *op. cit.*, p. 679, n° 580 *in fine* ; Jehan Froissart, *op. cit.*, p. 18, note 1 ; Bezard-Falgas, *op. cit.*, p. 214 et s., n°s 304 et s.

(2) Cette lacune nous a été révélée de la manière la plus typique par l'espèce suivante qui illustre à souhait les observations présentées sous les numéros 22, 23 et 24. Un sieur P... avait formé une opposition le 6 août 1872 sur une action de capital. Il avait obtenu l'ordonnance d'autorisation le 20 mars 1885. Et, depuis cette date, il avait publié son opposition sans interruption jusqu'au 9 mai 1895, soit pendant plus de dix ans. Mais il avait arrêté alors la publication. En janvier 1903, les héritiers dudit sieur P... ont cru bon de reprendre la publication, cette fois sous la rubrique des titres frappés de déchéance, et ils se sont adressés en même temps à l'établissement débiteur pour obtenir la délivrance du duplicata. A l'appui de leur demande, ils faisaient valoir : 1° que plus de dix années s'étaient écoulées depuis l'autorisation obtenue par l'opposant, leur auteur; 2° que, pendant dix ans à partir de l'autorisation, l'opposition avait été publiée sans être contredite; 3° et enfin qu'ils avaient payé à l'avance la publication à faire au *Bulletin officiel*, sous la rubrique des titres frappés de déchéance. L'établissement débiteur a refusé de délivrer le duplicata dans ces conditions, objectant qu'il pourrait être inquiété par le porteur éventuel du primata au cas où ce dernier aurait acquis le titre pendant la période d'interruption (mai 1895 à jan-

tout de croire qu'après avoir délivré le duplicata, l'établissement débiteur puisse décliner toute responsabilité de ce chef, en se fondant sur le § 3 de l'article 15 aux termes duquel le porteur qui représente le titre primitif après la remise du nouveau titre à l'opposant n'a plus qu'une action personnelle contre ce dernier au cas où l'opposition aurait été faite sans droit. Cela n'est vrai que si le duplicata a été délivré dans les conditions prescrites par la loi. L'établissement débiteur doit donc s'assurer que ces conditions se trouvent réalisées; à lui d'apprécier si elles se trouvent réalisées : il engage ainsi sa responsabilité.

§ 5.

De l'opportunité d'une procédure spéciale permettant à l'opposant d'obtenir la restitution du titre saisi.

26. — La loi de 1902 a institué, en faveur du porteur qui poursuit la mainlevée de l'opposition, une procédure spéciale, rapide et peu coûteuse, destinée à remplacer la voie longue et dispendieuse d'un procès ordinaire (art. 17 et 18). Pourquoi n'en a-t-elle pas fait autant en faveur de l'opposant qui cherche à rentrer en possession de son titre ? Car enfin la loi relative aux titres au porteur perdus, volés ou détruits est, dans son principe, un instrument mis à la disposition des propriétaires dépossédés, c'est-à-dire des opposants, pour leur permettre de se faire restituer contre la perte, le vol ou la destruction (art. 1). Or, bien souvent, l'opposant mériterait, lui aussi, d'arriver à ses fins plus rapidement et à moins de frais.

vier 1903), c'est-à-dire à une époque où nulle publication ne viciait la négociation. Rien ne faisait présumer, d'ailleurs, que le titre eût été détruit; au contraire, l'opposant avait déclaré que ce titre lui avait été *soustrait* ou avait été *égaré* pendant l'invasion allemande de 1870-1871. Les intéressés ont dû recommencer une nouvelle publication de dix ans, après laquelle le duplicata leur sera délivré s'il ne survient pas de contradiction d'ici-là. Par contre, l'établissement n'a pas fait difficulté pour continuer à payer aux intéressés, en vertu de l'ordonnance d'autorisation obtenue par leur auteur, les dividendes échus et à échoir. Il s'est même déclaré prêt à leur payer le capital du titre frappé d'opposition dans le cas où ledit capital deviendrait exigible. Il a fait seulement toutes réserves quant à la remise de l'action en jouissance, le cas échéant : il paiera les dividendes de l'action de jouissance, comme il paie actuellement ceux de l'action de capital; mais il entend ne délivrer le titre de jouissance qu'aux conditions dans lesquelles il délivrerait le duplicata du titre de capital.

27. — Voïci par exemple un opposant de bonne foi dont les prétentions sont amplement justifiées. Mais l'opposition a été contredite dans les termes de l'article 3 : le porteur s'est présenté avec le titre frappé d'opposition (1); il a protesté contre la saisie du titre effectuée par l'établissement débiteur conformément à l'article 10; il s'est prétendu propriétaire de ce titre. L'opposant ne pourra plus obtenir l'autorisation du président du tribunal; ou, s'il l'a déjà obtenue, il se verra refuser tout paiement, tant des intérêts ou dividendes que du capital devenu exigible, et *a fortiori* la restitution du titre. Il invite le porteur à reconnaître le bien fondé de l'opposition et à le faire rentrer en possession du titre en lui rendant le récépissé remis par l'établissement débiteur... Le porteur ne répond pas, ou il refuse, ou encore il propose à l'opposant un marché inacceptable. D'ailleurs le porteur se tient sur la réserve : il ne somme pas l'opposant d'introduire une demande en revendication, il ne l'assigne pas en référé à l'effet d'entendre prononcer la mainlevée de l'opposition. Encore que ce silence ou cette inaction du porteur soit de nature à rendre douteux le bon droit de ce dernier et vraisemblable le bien fondé de l'opposition, l'opposant est obligé d'intenter une action en revendication contre le porteur, en suivant « la voie longue et dispendieuse d'un procès ordinaire ».

28. — Supposons encore que le titre frappé d'opposition ait été saisi, cette fois sans qu'il y ait eu contradiction. Le cas est possible. Aux termes de la loi nouvelle (art. 3, § 1), l'opposition est contredite lorsque le porteur se prétend propriétaire du titre. Or le porteur n'a fait entendre aucune protestation contre la saisie; il n'a émis aucune prétention à la propriété du titre. Et pourtant, même en ce cas, l'opposant ne peut plus rien demander à l'établissement débiteur : « les effets de l'opposition restent « alors suspendus jusqu'à ce que la justice ait prononcé entre « l'opposant et le tiers porteur » (art. 10, *in fine*). La définition de la contradiction donnée par la loi nouvelle devrait, semble-t-il, entraîner une modification de l'article 10 : logiquement, lorsque la saisie du titre ne provoque pas une contradiction dans les termes de l'article 3, l'opposant devrait pouvoir continuer à

(1) Ce ne sera pas nécessairement un titre amorti, présenté pour être remboursé. Le porteur peut vouloir convertir le titre au porteur en titre nominatif, ou le déposer dans les caisses de l'établissement débiteur. Il peut aussi demander l'échange du titre démuni de coupons contre un nouveau. Pour cela, il doit se présenter, titre en mains, à l'établissement débiteur.

bénéficier des avantages résultant de son opposition, toucher les revenus du titre, obtenir le remboursement du capital exigible ou la délivrance d'un duplicata. Mais il n'en est rien. Ainsi le titre est là, saisi par l'établissement débiteur. Bien plus! Le porteur qui l'a présenté n'a fait entendre aucune protestation. L'opposant voudrait rentrer en possession de son titre. Il tente d'y parvenir, comme dans le cas précédent, par une entente amiable avec le porteur : il ne réussit pas mieux. Le voilà donc obligé de revendiquer le titre suivant la procédure ordinaire.

29. — Cette situation de l'opposant de bonne foi mis en présence d'un porteur suspect n'est pas moins digne d'intérêt que celle d'un porteur de bonne foi se heurtant à une opposition mal fondée. Toutes les raisons que l'on a fait valoir pour octroyer au porteur une procédure expéditive et économique (1) ne militent pas moins en faveur de l'opposant. Si l'intérêt en litige est modique, l'opposant hésitera peut-être à intenter une action en revendication : il craindra de rencontrer un adversaire insolvable et d'avoir à supporter les frais de l'instance. De son côté, le porteur spéculera sur cette situation fâcheuse de l'opposant : il tentera de se faire payer sa dépossession. Bref l'opposant sera souvent amené à transiger en dépit de son bon droit. Puisque, sur une sommation restée sans effet, le porteur obtient du juge des référés la mainlevée de l'opposition (art. 18, § 1), pourquoi l'opposant n'obtiendrait-il pas de même la restitution de son titre saisi ? Et, puisque le juge des référés peut encore prononcer la mainlevée de l'opposition quoiqu'il y ait revendication de la part de l'opposant, si ce dernier n'établit pas le bien fondé de sa prétention (art. 18, § 3), pourquoi ne pourrait-il pas ordonner la restitution du titre saisi à l'opposant bien qu'il y eût assignation en mainlevée par le porteur, si ce dernier ne produit aucune preuve de son droit de propriété ?

30. — On dira que la situation respective des parties en cause n'est pas la même dans les deux cas. La nouvelle procédure des articles 17 et 18 se justifie par ce fait que le porteur, au profit de qui elle a été instituée, est en possession du titre : si le porteur est troublé dans sa possession par une opposition mal fondée, il doit pouvoir obtenir rapidement et à peu de frais la mainlevée de cette opposition. Dans le cas qui nous occupe, au

(1) Jehan Froissart, *op. cit.*, p. 31; Bezard-Falgas, *op. cit.*, p. 231, n° 335.

contraire, il ne s'agit pas moins que de déposséder le porteur au profit de l'opposant. Encore que celui-ci paraisse devoir l'emporter sur celui-là, il est prudent de ne le laisser arriver à ses fins qu'en suivant la voie d'un procès ordinaire. Voilà bien, sans doute, le motif de l'inégalité de traitement dont pâtit l'opposant. Et ce motif semble assez convaincant lorsque, seuls, les coupons ont été saisis par l'établissement débiteur. Le porteur des coupons n'est pas nécessairement détenteur du titre. Les coupons ont peut-être été transmis à titre de paiement ou de don manuel, ou bien encore volés au propriétaire du titre sans que ce dernier s'en soit aperçu. Reste à savoir où est le titre, ou mieux qui en est porteur. D'ailleurs la sentence du juge des référés prononçant la restitution du titre à l'opposant serait en ce cas malaisée à exécuter, puisqu'il faudrait encore mettre la main sur le titre lui-même. Conviendrait-il de tourner cet obstacle en permettant au juge de prononcer la déchéance du titre et d'ordonner la délivrance d'un duplicata? Ce serait modifier sensiblement l'économie de la loi actuelle. Aussi laissons-nous de côté, quoiqu'un peu à regret, la question de savoir si la saisie des coupons ne pourrait pas avoir d'autres suites que celles résultant de la loi actuelle. Mais lorsque le titre lui-même a été saisi par l'établissement débiteur, rien ne s'oppose à ce que le litige fasse l'objet d'une procédure plus simple, pourvu que cette procédure ne compromette pas la situation du porteur de bonne foi. Et la sentence du juge des référés prononçant la restitution du titre à l'opposant serait alors d'une exécution facile; il suffirait de la signifier à l'établissement débiteur qui remettrait à l'opposant le titre saisi : l'intervention bénévole ou forcée du porteur serait inutile.

31. — Les dispositions nouvelles que nous voudrions voir édicter au profit de l'opposant pour le cas de saisie du titre devraient naturellement cadrer avec la procédure instituée au profit du porteur par les articles 17 et 18 : elles feraient, pour ainsi dire, corps avec elle. Dans ses grandes lignes, l'innovation se présenterait de la manière suivante.

32. — Le président du tribunal civil du domicile *du porteur*, jugeant en référé, pourrait être saisi, non seulement d'une demande en mainlevée de l'opposition présentée par le porteur conformément à l'article 17, § 6, mais encore et en même temps d'une demande en restitution du titre saisi présentée par l'opposant. Au cas où le porteur aurait pris les devants en sommant

l'opposant de revendiquer le titre et en l'assignant en mainlevée de l'opposition (art. 17), l'opposant présenterait reconventionnellement sa demande en restitution du titre saisi. Au cas où le porteur s'abstiendrait de poursuivre la mainlevée de l'opposition, l'opposant le sommerait d'avoir à introduire dans un certain délai une demande en mainlevée et il l'assignerait en outre à l'effet d'entendre prononcer, à l'expiration dudit délai, la restitution [à l'opposant] du titre saisi.

33. — Au jour de l'audience fixée par l'assignation du porteur ou de l'opposant pour la comparution en référé, le juge aurait à se prononcer sur les demandes respectives du porteur et de l'opposant, si du moins il se trouvait saisi du litige par l'un et par l'autre. Il prononcerait la mainlevée dans les cas spécifiés par l'article 18, 1,§§ 2 et 3, avec cette seule différence que la demande en restitution du titre saisi introduite reconventionnellement en référé par l'opposant suffirait à empêcher la mainlevée *obligatoire* prononcée en dehors de toute justification de propriété de la part du porteur : point ne serait besoin que l'opposant justifiât avoir introduit en outre une demande en revendication. Ainsi le juge des référés *devrait* prononcer la mainlevée si l'opposant ne demandait pas la restitution du titre saisi ou si du moins il ne justifiait pas avoir introduit une demande en revendication (art. 18, § 1). Il *devrait* même prononcer la mainlevée, quoique l'opposant demandât la restitution du titre saisi ou quoiqu'il eût introduit une demande en revendication, si le porteur justifiait d'un droit de propriété antérieur à la publication de l'opposition (art. 18, § 2). Et le juge des référés *pourrait* encore prononcer la mainlevée, même en dehors de toute justification de propriété de la part du porteur, si l'opposant n'alléguait aucune preuve à l'appui de sa prétention (art. 18, § 3). Par contre, le juge des référés *devrait* prononcer la restitution immédiate du titre à l'opposant, si le porteur, dûment sommé d'ailleurs par l'opposant, n'avait pas introduit une demande en mainlevée, et si le bien fondé de l'opposition paraissait vraisemblable. Et il *pourrait* prononcer cette restitution, quoique le porteur demandât la mainlevée, si d'une part l'opposant alléguait des preuves à l'appui de sa prétention, et si d'autre part le porteur ne justifiait pas d'un droit de propriété antérieur à la publication de l'opposition.

34. — Comme l'ordonnance prononçant la mainlevée de l'opposition, l'ordonnance du juge des référés prononçant la restitution du titre saisi laisserait entière la question du fond du droit, la question de propriété. De même que l'ex-opposant peut encore revendiquer le titre contre le porteur qui a obtenu la mainlevée de l'opposition, l'ex-porteur pourrait introduire une demande en revendication contre l'opposant qui aurait obtenu la restitution du titre saisi, sans se voir opposer l'autorité de la chose jugée.

35. — Sur la signification qui lui serait faite de l'ordonnance prononçant la restitution au profit de l'opposant, accompagnée d'un certificat de non-appel (C. proc. civ., 548) et d'une mainlevée régulière de l'opposition, l'établissement débiteur restituerait à l'opposant le titre saisi. Il serait quitte et déchargé, sans pouvoir exiger d'autres pièces ou justifications.

36. — Enfin l'innovation serait mise au point par quelques dispositions accessoires. Notamment, pour permettre à l'opposant d'agir en cas d'inaction du porteur, il conviendrait d'obliger le présentateur du titre, qui ne serait que mandataire du porteur, de faire connaître à l'établissement débiteur, lors de la saisie du titre ou peu après, le nom et l'adresse de son mandant : l'article 10 de la loi pourrait être complété en ce sens. D'autre part il serait nécessaire de déterminer le magistrat compétent : ce pourrait être le président du tribunal civil du domicile de l'*opposant*, pour le cas où le porteur serait inconnu au domicile indiqué par lui ou pour lui comme aussi pour le cas où le président du tribunal civil du domicile du *porteur* ne serait pas compétent pour connaître de la procédure actuelle de mainlevée (par exemple si le porteur est domicilié à l'étranger).

37. — L'innovation se réduirait en somme à ceci. Lorsque le titre frappé d'opposition serait saisi par l'établissement débiteur, l'opposant pourrait poursuivre la restitution du titre par une simple procédure en référé. Cette restitution serait *obligatoire* pour le juge des référés si le porteur se tenait coi, ce qui serait inexplicable de la part d'un porteur de bonne foi, et si le bien fondé de l'opposition paraissait vraisemblable. Et elle serait *facultative* si l'opposant établissait le bien fondé de sa prétention sans que le porteur, présent ou représenté à l'audience, justifiât d'un droit de propriété antérieur à la publication de l'opposition. Comme on le voit, à la différence de ce qui se passe pour le porteur demandant la mainlevée de l'opposition, l'opposant demandant la restitution du titre saisi devrait dans tous les cas faire valoir son droit, et la restitution cesserait d'être *obligatoire* pour le juge, si vraisemblable que parût la prétention de l'opposant, dès lors que le porteur demanderait la mainlevée : il serait ainsi tenu compte de la situation respective des parties en cause quant à la possession du titre. Il y aurait là, pour l'opposant, une sorte d'interdit possessoire, un interdit *recuperandæ possessionis*, qui, non moins que la procédure des articles 17 et 18, sauvegarderait également les droits du porteur et de l'opposant.

§ 6.

38. — Nous n'avons pas eu l'intention de faire ici le procès de la loi relative aux titres au porteur perdus, volés ou détruits. Déjà la loi ancienne, de 1872, passait à juste titre, non seulement pour utile, mais même pour indispensable ; et les modifications qu'elle a subies en 1902 l'ont sans doute améliorée d'une manière notable. Mais il s'y trouve encore des défauts, dont certains nous ont été révélés par la pratique des oppositions sur titres. Et, si nous disons notre mot sur ce sujet, c'est avant tout dans l'espoir que d'autres, plus autorisés, diront aussi le leur, et que le législateur, s'il vient à réviser son œuvre, aura ainsi tous les éléments d'appréciation possibles et désirables.

ALBERT WAGNER.

5e ANNÉE 1909

REVUE DE DROIT INTERNATIONAL PRIVÉ ET DE DROIT PÉNAL INTERNATIONAL

FONDÉE PAR

A. DARRAS

RÉDIGÉE PAR

A. de LAPRADELLE

PROFESSEUR AGRÉGÉ A LA FACULTÉ DE DROIT DE PARIS
ASSOCIÉ DE L'INSTITUT DE DROIT INTERNATIONAL

SOUS LE PATRONAGE DE MM.

A. LAINÉ Professeur à la Faculté de droit de Paris
A. WEISS Professeur à la Faculté de droit de Paris
A. PILLET Professeur à la Faculté de droit de Paris
De BŒCK Professeur à la Faculté de droit de Bordeaux
E. AUDINET Professeur à la Faculté de droit d'Aix
E. BARTIN Professeur à la Faculté de droit de Paris

et avec la collaboration de jurisconsultes, magistrats et professeurs, français et étrangers

Secrétaire de la rédaction : **P. GOULÉ**, Docteur en droit, ancien magistrat

Abonnement annuel

France................ 20 francs. — Étranger.................... 22 fr. 50

L'année terminée se vend.............................. 22 francs.

Le Gérant : L. LAROSE.

BAR-LE-DUC. — IMPRIMERIE CONTANT-LAGUERRE

www.ingramcontent.com/pod-product-compliance
Ingram Content Group UK Ltd.
Pitfield, Milton Keynes, MK11 3LW, UK
UKHW022146260726
13993UKWH00005B/2193